ADRESSE

AUX REPRÉSENTANS

DE LA RÉPUBLIQUE FRANÇOISE,

Et à tous les défenseurs des droits de l'homme.

ADRESSE
AUX REPRÉSENTANS
DE LA RÉPUBLIQUE FRANÇOISE,

Et à tous les défenseurs des droits de l'homme.

Vitam impendere vero.

Nous vivons dans un tourbillon politique, nous errons çà et là dans ce tourbillon, et nous nous égarons. La plupart du tems nous parlons, nous clabaudons comme de vrais insensés, sans savoir trop ce que nous disons, et le délire est à son comble. Vient ensuite la diversité des systêmes, qui épaissit le tourbillon, et nous ne voyons plus goutte. Alors l'anarchie et le désordre s'en mêlent, et tout est perdu. Peut-être qu'avec moins de vaine gloire et moins d'ambition, peut-être que plus doux et plus dociles, et confiants avec une humble soumission nos destinées entre les mains de l'Être suprême, et du Sénat auguste qui nous commande; peut-être, dis-je, serions-nous plus heureux. Car quel espoir consolant peut briller à nos yeux, quand chacun veut abonder dans son sens, et avoir tout l'esprit imaginable; quand chacun veut être roi, veut être prince; quand, en un mot, chacun veut dominer? Que faire à tout cela? Je crois que ce malheur est inévitable. Nous sommes dans le tems des folies; chacun veut faire la sienne. Quant à moi, je m'étois imposé jusqu'ici la loi la plus rigoureuse de concentrer la mienne, d'observer tout dans le plus profond silence, et de ne dire mot; mais enfin je ne puis plus résister. Je sors de mon silence; l'horreur souveraine que j'ai eue de tout tems pour toute espece d'injustice, me forme de le rompre.

Ces jours derniers un de mes amis vint me voir, et me dit avoir assisté à une séance du tribunal du cinquieme arrondissement, pendant laquelle il avoit entendu plaider une cause assez célebre, où il lui sembloit que les juges avoient méconnu les *droits de l'homme*. Jaloux de m'instruire, je le priai de me dire quelle étoit la nature de cette cause. Il m'apprit qu'il avoit été question d'un sieur abbé Noël de la Tour, ancien Boursier du séminaire de Saint-Magloire, que l'abbé de Saint-Simon, ci-devant membre du corps de l'Oratoire et supérieur du susdit séminaire, avoit fait porter despotiquement à l'Hôtel-Dieu, pour cause de folie, sans avoir employé aucune forme quelconque avant le transport du susdit sieur abbé Noël de la Tour à l'Hôtel-Dieu. Mon ami me fit part ensuite de la compassion dont il avoit été pénétré pour le sort de ce malheureux abbé, qui nonobstant son bon droit, et la loi qui parloit en sa faveur, avoit été débouté de toutes ses demandes contre les Oratoriens, et condamné aux dépens. La sensibilité de mon ami étoit d'autant plus grande, qu'il avoit entendu exposer devant le tribunal, que ce malheureux ecclésiastique n'avoit aucune ressource pour exister, et que l'abbé de Saint-Simon, son supérieur, lui avoit causé un tort irréparable, en lui faisant perdre son état, en le dépouillant de sa bourse, et d'une abbaye à laquelle il avoit été nommé, et en devenant en outre par son acte de despotisme, la cause premiere de seize années de souffrances et de tortures, dont dix d'une captivité la plus affreuse, dans laquelle l'abbé Noël de la Tour avoit passé les plus belles années de sa jeunesse, et avoit perdu presque entierement sa santé. Saisi d'indignation à l'aspect de ce tableau de l'humanité souffrante et opprimée, et m'entretenant chaudement de cette affaire avec mon ami, comme j'aurois fait de toute autre qui auroit intéressé la sensibilité de mon ame, je sentis tout-à-coup que mes yeux se noyoient dans les larmes. Le cours en fut arrêté par le nom de la Roche-Aymont, que mon ami proféra dans la conversation. A ce nom, mes yeux desséchés par le feu de la plus vive allégresse, fixerent ceux de mon ami, et je lui demandai avec joie, avec transport, s'il étoit question dans cette affaire du nom de la Roche-Aymont. Il me répondit que le cardinal de la Roche-Aymont, d'après ce qu'il avoit entendu, paroissoit être pour quelque chose dans la cause du malheureux abbé Noël de la Tour. A cette réponse de mon ami, je me sens tout saisi; je réfléchis, je rappelle à moi tous mes esprits, j'imagine, je crois avoir entendu parler autrefois d'une histoire semblable. Mais le moment ne m'offre que des idées confuses. Curieux et empressé de réfléchir de plus en plus, pour obtenir de ma mémoire quelques éclaircissemens sur l'histoire dont jadis j'avois entendu parler, je travaille ma tête, je m'évertue, le ciel enfin toujours favorable à l'innocence opprimée, permet que je me rappelle parfaitement quelques faits, que je rapproche de l'histoire de l'abbé Noël de la Tour, et je trouve que cette histoire est absolument la même que celle qui me fut racontée il y a quatorze ou quinze ans, dans le plus grand secret. Je me rappelle que Louis, Antoinette, d'Artois, et Coetlosquet, précepteur de Louis, se transporterent à l'Hôtel-Dieu, à l'occasion d'un malheureux abbé, que les prêtres de l'Oratoire avoient voulu perdre, et avoient fait porter dans cet hôpital, pour cause de folie. Je me rappelle que ce qui donna lieu à cette célebre histoire, fut une abbaye dont le cardinal de la Roche-Aymont avoit fait pourvoir l'abbé Noël de la Tour. Je me rappelle que M. le cardinal, instruit que les Oratoriens s'étoient joués de lui, et qu'ils s'étoient comportés méchamment envers le susdit sieur abbé Noël de la Tour, en fit part à Louis. Je me rappelle que Coetlosquet mourut à l'Hôtel-Dieu, et que Louis, à son retour de cet hôpital, après avoir vu la chose par lui-même pendant presque tout le tems, fut convaincu de la scélératesse du supérieur de l'Oratoire. Je me rappelle que ce supérieur, par ses sollicitations, obtint du tems pour éprouver l'abbé Noël de la Tour. Je me rappelle que Louis se laissa fléchir; et j'ose assurer que ce même supérieur mésusa de sa bonté, et qu'il gagna et corrompit, non-seulement ceux que Louis avoit commis pour surveiller l'état du malheureux ecclésiastique, mais encore ses ministres, qui, jusqu'à l'époque de la révolution, ont fait expédier plusieurs lettres de cachet contre cet infortuné, sous le prétexte qu'il avoit besoin d'être renfermé.

Telle a été de tout tems la destinée des rois, de se voir trompés, malgré leur vigilance : telle a été celle de Louis et d'Antoinette. Entourés d'adulateurs et de fripons, dans quel précipice ne pouvoient-ils pas tomber ? L'événement ne le prouve que trop.

Augustes représentans de la république Françoise, vous tous citoyens et freres qui la composez, et qui êtes jaloux que les *droits de l'homme* soient respectés, d'après l'étonnement dont vous aura saisis la charité de Louis, d'après les sentimens qu'elle vous aura inspirés, volez au Temple; et pleins d'admiration pour un pareil phénomene, dont l'histoire n'offre pas d'exemple, demandez à Louis s'il ne se reconnoît pas dans le tableau que je viens de vous tracer : faites la même demande à Antoinette; alors vous pouvez être certains que ces deux époux témoigneront en faveur du malheureux abbé Noel de la Tour.

Il fut victime en premier lieu d'une cabale Oratorienne la plus affreuse ; victime ensuite d'un despotisme le plus odieux, par l'infamie des ministres qui se sont laissés gagner et corrompre par les membres d'une congrégation, et qui ont ainsi trompé la religion de leur maître; victime enfin d'un tribunal qui a fini de l'écraser par l'arrêt le plus injuste.

Représentans de cette république, citoyens et freres de toutes les sections de cette capitale, vous vous devez à vous-mêmes cette démarche auprès de Louis et d'Antoinette ; vous la devez aux générations à venir ; vous la devez à l'humanité ; vous la devez enfin aux *droits de l'homme*, si hautement méconnus et si hautement violés. En voilà la preuve.

L'abbé Noël de la Tour est enlevé du séminaire de St. Magloire, par un ordre arbitraire du supérieur Saint-Simon, et porté à l'hôtel-Dieu pour cause de folie. En quoi consistoit la folie de cet infortuné dans le susdit séminaire ? Elle consistoit, au dire de son supérieur, à croire qu'il avoit une abbaye : cela est vrai. Mais l'abbé Noël de la Tour n'étoit dans cette croyance, que d'après un aveu formel du supérieur Saint-Simon, qui avoit tâché de convaincre cet ecclésiastique qu'il avoit un pareil bénéfice ; et quand ce malheureux en parloit à celui qui lui avoit inspiré cette croyance, il en recevoit aussi-tôt cette réponse : *vous êtes donc fou*. Exista-t-il jamais de méchanceté plus noire et plus atroce ? Si Louis enfin affirme qu'il avoit nommé l'abbé Noël de la Tour à une abbaye, aux recommandations du cardinal de la Roche-Aymont, quelle sera alors la folie de ce malheureux ecclésiastique; et quel châtiment réservera-t-on au supérieur Saint-Simon pour l'avoir fait porter à l'Hôtel-Dieu d'après un sujet aussi étrange ?

L'abbé Noël de la Tour est au rang des insensés et des furieux ; on l'y voit doux et paisible, et ceux qui l'observent de près, déplorent son sort si peu mérité. Le Ciel alors, qui veilloit à sa conservation, lui envoie trois mains souveraines pour l'arracher de l'abîme dans lequel l'injustice et l'hypocrisie l'avoient précipité. Cet infortuné reconnoît ses trois mains souveraines : il dit qu'il voit le roi, la reine et le comte d'Artois. Voilà quelle est toute sa folie à l'Hôtel-Dieu. Alors les Oratoriens triomphent : ils disent que c'est là une maîtresse folie, qui mérite des bains et des saignées ; mais si Louis affirme que pendant tout le séjour de l'abbé Noël de la Tour à l'Hôtel-Dieu, il n'a apperçu d'autre folie dans cet ecclésiastique que celle de reconnoître son roi, où en seront alors les sœurs, les médecins, les oratoriens et le tribunal lui-même, qui a jugé aussi lestement cette affaire ?

Prétendre qu'un supérieur peut agir despotiquement, et dans des cas graves, contre ceux qui lui sont confiés, et qu'il n'est responsable envers personne de sa conduite, comme s'il étoit exempt des passions humaines; prétendre que parce qu'il dit qu'un homme est fou, il faut l'en croire sur sa parole; prétendre qu'un tel supérieur a agi en pere vis-à-vis d'un homme, en le dépouillant de sa place, et le faisant conduire dans un hôpital, sous le prétexte d'une folie qui n'a jamais existé, et qui n'a jamais été constatée, ni par la justice, ni par la faculté de médecine; prétendre qu'il a agi en pere vis-à-vis de cet homme, en l'éloignant de ses parens et de ses protecteurs, et lui faisant perdre son état par une calomnie des plus atroces; prétendre qu'un pareil supérieur a agi en pere vis-à-vis d'un individu, lors même que, pendant seize années de souffrances et de tortures, il ne l'a pas visité, et ne lui a donné aucun soin, aucune consolation, lors même qu'il a été la cause premiere de tous ses tourmens, qu'il a altéré sa santé, qu'il l'a rendu infirme, et qu'il paroît indifférent sur le malheureux sort de sa victime;

prétendre toujours qu'un tel supérieur a agi en pere vis-à-vis l'abbé Noël de la Tour, et fermer l'oreille au défi formel que, par trois fois, cet ecclésiastique et son défenseur ont donné tour à tour au supérieur Saint-Simon, de produire aucune preuve de la folie qu'il a imputée audit sieur abbé Noël de la Tour : dans une cause aussi sérieuse, n'attacher aucune importance à l'exhibition des pieces réclamées par le demandeur, et celles nécessaires pour décider cette cause ; débouter un malheureux de toutes ses demandes contre ses adversaires, et le condamer aux dépens malgré l'absence des certificats des maisons par où il a passé, et qu'il réclame en vain ; voilà de l'aristocratie toute pure. Adieu l'égalité devant la loi ; adieu les *droits de l'homme* ; moyennant ce systême, Pierre pourra calomnier Paul impunément ; et lorsque Paul, traduisant Pierre devant les tribunaux, le sommera de prouver ce qu'il a avancé contre lui, et exigera réparation, on se rira de Paul qui réclamera des preuves, on ne l'écoutera pas ; on le déboutera, et par-dessus le marché il payera les dépens. Il faut avouer qu'il n'appartient qu'au tribunal du cinquieme arrondissement de prononcer de pareils jugemens.

Représentans de cet empire, vous tous citoyens et freres, à qui je viens d'exposer le malheureux sort de l'abbé Noël de la Tour, j'ose croire que vous êtes convaincus de l'injustice criante dont cet ecclésiastique a été victime jusqu'à ce jour. S'il vous reste encore quelques doutes là-dessus, il n'est que Louis et Antoinette qui puissent le lever. Volez donc au Temple pour confondre l'hypocrisie d'un homme méchant et plein d'imposture : vous le devez à la société, afin d'intimider les hommes en places, qui seroient tentés de se laisser entraîner par des considérations humaines, au mépris des *droits de l'homme*. Une histoire, d'ailleurs, aussi curieuse, aussi intéressante, mérite bien que vous assuriez son authenticité. La scene de Louis à l'Hôtel-Dieu, accompagnée d'un détail intéressant et sublime, ne pourra que charmer la postérité la plus reculée, ne pourra que faire admirer la vigilance, la justice et la sévérité du ci-devant monarque. Puisse cette scene, en publiant sa charité héroïque, assurer un sort à l'abbé Noël de la Tour, et le vénger solemnellement de tous ses ennemis.

Par un républicain François.

P. S. D'après les informations que j'ai prises, j'observe aux représentans de la république et aux vrais amis des *droits de l'homme*, que l'abbé Noël de la Tour, par un caractere doux, affable et honnête; par celui, en un mot, d'un véritable citoyen, s'est, en général, toujours concilié l'estime et l'amitié de tous ceux qui l'ont connu, et qu'il a prêté son serment un des premiers, quoique ne tenant à rien et n'étant que diacre.

www.ingramcontent.com/pod-product-compliance
Lightning Source LLC
Chambersburg PA
CBHW061618040426
42450CB00010B/2552